Inhaltsverzeichnis

I. Dauerarbeitsvertrag mit Angestellten (ohne Tarifbindung und ohne Bezugnahme auf einen Tarifvertrag – ausführliche Form) 2

II. Dauerarbeitsvertrag mit Angestellten (ohne Tarifbindung und ohne Bezugnahme auf einen Tarifvertrag – Kurzfassung in Brieform) 13

III. Dauerarbeitsvertrag mit Angestellten (bei beiderseitiger Tarifbindung oder mit Bezugnahme auf einen Tarifvertrag – ausführliche Form) 14

IV. Dauerarbeitsvertrag mit Angestellten (bei beiderseitiger Tarifbindung oder mit Bezugnahme auf einen Tarifvertrag – Kurzfassung in Brieform) 21

V. **Anleitung für den Benutzer** 22

VI. Schrifttums-Hinweise 32

Hinweis

Kursivdruck bedeutet, daß für dieselbe Vertragsbestimmung (zum Beispiel Regelung des Entgeltes) verschiedene Formulierungen zur Auswahl gestellt oder als Beispiele angeführt werden. Regelmäßig sind dann alle Formulierungen bis auf eine zu streichen, damit keine Widersprüche entstehen. Lesen Sie bitte erst die **Anleitung** auf Seite 22 f.

I. Dauerarbeitsvertrag mit Angestellten (ohne Tarifbindung und ohne Bezugnahme auf einen Tarifvertrag – ausführliche Form)

Herr/Frau ... und die Firma ... schließen folgenden
ARBEITSVERTRAG/ANSTELLUNGSVERTRAG:

§ 1 Beginn des Arbeitsverhältnisses

Das Arbeitsverhältnis beginnt am ...

oder:

Das Arbeitsverhältnis beginnt am ... Herr/Frau ... wird seine/ihre Tätigkeit am ... aufnehmen. Herr/Frau ... hat vom ... an Anspruch auf Gehalt.

oder:

Das Arbeitsverhältnis hat am ... begonnen. Die Betriebszugehörigkeit rechnet, sofern von ihrer Dauer Art und Höhe besonderer betrieblicher Leistungen abhängen, vom ... an.

Der Rücktritt vom Arbeitsvertrag oder seine Kündigung vor Aufnahme der Tätigkeit sind ausgeschlossen.

(Falls kein befristetes Probearbeitsverhältnis vorausgehen soll: Die ersten ... Monate gelten als Probezeit. Während dieser Zeit können die Vertragsparteien das Arbeitsverhältnis jeweils zum Ende eines Kalendermonates mit einer Frist von einem Monat kündigen.)

§ 1a Veränderungsmeldung, Vorlage von Unterlagen

Herr/Frau ... hat Änderungen des Familienstandes und sonstiger Tatsachen, die im Bewerbungsbogen aufgeführt sind, sowie den Erwerb oder Wegfall von Schutzrechten der Personalabteilung unverzüglich anzuzeigen. Ebenso ist mitzuteilen, ob Herr/Frau ... Anlagen nach dem Vermögensbildungsgesetz vorgenommen hat.

Herr/Frau ... muß vor Dienstantritt eine Gehalts- und Urlaubsbescheinigung des letzten Arbeitgebers vorlegen, ebenso die Lohnsteuerkarte und das Versicherungsnachweisheft bzw. die entsprechenden Ersatzbescheinigungen.

§ 2 Tätigkeit

Herr/Frau ... wird mit folgenden Arbeiten beschäftigt werden ...

oder:

Herr/Frau ... wird eingestellt als ... (z. B. Buchhalter, Verkäufer[in], Stenotypistin, Kontoristin, technischer Zeichner, Bautechniker, Werkmeister, Arbeitsvorbereiter). Sein/Ihr Arbeitsgebiet umfaßt ...

oder:

Die Tätigkeit richtet sich nach der diesem Vertrag beigefügten Stellenbeschreibung, deren Änderung und Ergänzung nach betriebsorganisatorischen Erfordernissen sich die Firma ... vorbehält.

Die Firma ... behält sich vor, Herrn/Frau ... eine andere zumutbare Arbeit im gleichen Betriebe *(oder: in der gleichen Betriebsabteilung; oder: im Unternehmen der Firma ...)* zuzuweisen, die seinen/ihren Vorkenntnissen und Fähigkeiten entspricht, und das Aufgabengebiet sowie das Unterstellungsverhältnis aus organisatorischen Gründen zu ändern.

[Gegebenenfalls: Dieser Vorbehalt erstreckt sich auch auf die Versetzung an einen anderen Einsatzort ...

oder:

Ist mit der Zuweisung einer anderen Tätigkeit ein Ortswechsel verbunden, erklärt Herr/Frau ... hiermit seine/ihre Umzugsbereitschaft.]

Macht die Firma ... von diesen Vorbehalten Gebrauch, so ist sie verpflichtet, das gleiche Entgelt weiterzuzahlen.

oder:

Eine Entgeltminderung darf dabei erst nach einem Monat eintreten;

oder: Dabei richtet sich das Entgelt nach der neu zugewiesenen Tätigkeit.

oder [Konzern-Versetzungsklausel]:

Herr/Frau ... ist damit einverstanden, daß ihm/ihr eine andere und/oder zusätzliche gleichwertige Tätigkeit übertragen werden kann und er/sie innerhalb der Gesellschaften des/der ... Konzerns/Gruppe eingesetzt werden kann. Dabei wird die Firma ... die persönlichen und sozialen Belange von Herrn/ Frau ... berücksichtigen.

§ 3 Arbeitszeit

[Regelmäßige Arbeitszeit]

1. Die regelmäßige Arbeitszeit beträgt ... Stunden wöchentlich.

oder:

Herr/Frau ... wird an folgenden Wochentagen je ... Stunden/von ... bis ... Uhr beschäftigt: ...

[Arbeitszeit nach Arbeitsanfall – BeschFG 1985 –]

Herr/Frau ... wird im Betrieb/*Betriebsteil* ... als ... in ... -Beschäftigung eingestellt. Die vereinbarte durchschnittliche Arbeitszeit beträgt ... Stunden pro Woche/*Monat* /Jahr. Sie ist entsprechend dem Arbeitsanfall zu erbringen. Dabei ist Herr/Frau ... zum Einsatz verpflichtet, wenn ihm/ihr dessen Lage und Dauer mindestens vier Tage im voraus mitgeteilt werden. Das Recht der Parteien, im gegenseitigen Einvernehmen auf die Einhaltung dieser Frist zu verzichten, bleibt hiervon unberührt.

[Verpflichtung zu zusätzlicher Arbeitsleistung]

Herr/Frau ... ist verpflichtet, auch Nachtarbeit/Nachtschichtarbeit/Schichtarbeit/Sonntagsarbeit/Überstunden zu leisten, soweit das gesetzlich zulässig ist.

oder:

Herr/Frau ... ist verpflichtet, Überstunden im Rahmen des gesetzlich Zulässigen zu leisten, darf aber nicht mit Nachtarbeit/Nacht-/Spätschichtarbeit/Sonntagsarbeit beschäftigt werden.

[Kurzarbeitsklausel]

2. Die Firma ... ist berechtigt, aus dringendem betrieblichem Anlaß zur Vermeidung von Entlassungen einseitig Kurzarbeit mit einer Ankündigungsfrist von vier Wochen einzuführen. Für die Dauer der Kurzarbeit vermindert sich das Herrn/Frau ... zustehende Gehalt im Verhältnis der ausgefallenen Arbeitszeit.

oder:

Für die Dauer der Kurzarbeit vermindert sich das Herrn/Frau ... zustehende Gehalt um 1/ ... für jede durch die Kurzarbeit ausfallende Arbeitsstunde.

oder:

Wird durch die Kurzarbeit die regelmäßige wöchentliche Arbeitszeit um mehr als drei Stunden verringert, so wird für jede weitere ausgefallene Arbeitsstunde 1/ ... des Monatsgehalts abgezogen.

[Für alle Fassungen der Kurzarbeitsklausel:]

Sinkt die wöchentliche Arbeitszeit unter 24 Stunden, so darf ein weiterer Gehaltsabzug nicht vorgenommen werden.

§ 4 Entgelt

[Monatsgehalt, Grundform:]

1. Herr/Frau ... erhält für seine/ihre vertragliche Tätigkeit ein monatliches Bruttogehalt von ... DM, zahlbar am Ende des Monats.

oder:

[Besondere Festlegung:]

Herr/Frau ... erhält eine monatliche Vergütung, die in einer besonderen Vereinbarung jeweils festgelegt wird. Die Vereinbarung ist wesentlicher Bestandteil dieses Arbeitsvertrages.

oder:

[Fixum und/oder Provision:]

Herr/Frau ... erhält für seine/ihre vertragliche Tätigkeit ein monatliches Fixum von ... DM, zahlbar am Ende des Monats.

Herr/Frau ... erhält – außerdem – eine Provision, die nach folgenden Grundsätzen berechnet wird: ...

Die Firma ist verpflichtet, die Provision monatlich abzurechnen und (bei Fixum: am Monatsende mit dem Fixum zusammen) am Monatsende (oder: am 15./ am Ende des Folgemonats) auszuzahlen.

[Überstundenbezahlung, Gehaltszuschläge:]

2. Durch das Bruttogehalt nach § 4 Nr. 1 dieses Vertrages sind ... Überstunden im Monat abgegolten *(oder: Herr/Frau ... erhält für jede Überstunde 1/... des monatlichen Bruttogehaltes sowie einen Zuschlag von ...; oder: Herr/Frau ... erhält neben dem Entgelt nach § 4 Nr. 1 eine monatliche Überstundenpauschale von ... DM; oder: Durch das Bruttogehalt nach § 4 Nr. 1 dieses Vertrages sind sämtliche Überstunden abgegolten).*

Für Nachtarbeit/Nachtschichtarbeit/Sonntagsarbeit werden folgende Zuschläge zum Gehalt gezahlt ...

Arbeitsbereitschaft wird wie Arbeitszeit bezahlt.

[Gehaltspfändung und -abtretung]

3. Herr/Frau ... muß Verpfändungen und Abtretungen seiner/ihrer Gehalts-/Provisionsansprüche sofort der Firma ... anzeigen.

oder:

Herr/Frau ... darf sein/ihr Gehalt nur an Dritte verpfänden oder abtreten, wenn die Firma ... zustimmt.

oder:

Herr/Frau ... darf seine/ihre Gehalts-/Provisionsansprüche weder Dritten verpfänden noch abtreten.

Die Kosten, die der Firma durch die Bearbeitung von Gehalts-/Provisionspfändungen, -verpfändungen und -abtretungen entstehen, trägt Herr/Frau ... selbst in Höhe von ...% der abzuführenden Summe.

oder:

Die Kosten, die der Firma durch die Bearbeitung von Gehalts-/Provisionspfändungen, -verpfändungen und -abtretungen entstehen, trägt Herr/Frau ... selbst in Höhe von ... DM je angefangene 100 DM.

oder:

Die Kosten, die der Firma durch die Bearbeitung von Gehalts-/Provisionspfändungen, -verpfändungen und -abtretungen entstehen, trägt Herr/ Frau ... selbst in Höhe von ... DM je Pfändung/Verpfändung/Abtretung.

§ 5 Sondervergütungen

Herr/Frau ... erhält

eine jährliche Sonderzahlung in Höhe eines Bruttomonatsgehaltes ohne Zuschläge, die zusammen mit dem ...-Gehalt ausgezahlt wird. Im Ein- und Austrittsjahr wird diese Sonderzahlung zeitanteilig gewährt.

oder:

eine jährliche Sonderzahlung in Höhe von ... DM, die mit dem ...-Gehalt zur Auszahlung kommt und im Ein- bzw. Austrittsjahr zeitanteilig gewährt wird.

oder:

eine jährliche Sonderzahlung, deren Höhe in das Ermessen der Firma gestellt ist, die aber mindestens ... DM beträgt. Diese Sonderzuwendung wird mit dem ...-Gehalt ausgezahlt und im Ein- bzw. Austrittsjahr zeitanteilig gewährt.

Umsatzbeteiligung / Gewinnbeteiligung / Tantieme nach folgenden Grundsätzen: ...

§ 6 Nebenleistungen und Aufwendungsersatz

1. Die Firma gewährt Herrn/Frau ... eine Werkwohnung *(oder: werkgeförderte Wohnung)* nach näherer Bestimmung des *gleichzeitig/am* ... abgeschlossenen Mietvertrages.

oder:

ein Wohnungsdarlehen von ... DM, das monatlich/jährlich in Höhe von ... DM durch Gehaltsabzug zu tilgen ist und innerhalb von ... Wochen/Monaten fällig wird, wenn Herr/Frau ... von sich aus das Arbeitsverhältnis löst, ohne daß ein schuldhaftes Verhalten der Firma ... vorliegt, das Herrn/Frau ... zur fristlosen Kündigung berechtigt, oder wenn die Firma ... das Arbeitsverhältnis aus einem wichtigen Grunde fristlos kündigt.

Umzugskosten in nachgewiesener Höhe. (Oder: in Höhe von ... DM; oder bis zu ... DM) Herr/Frau ... muß die Umzugskosten innerhalb von ... Wochen/Monaten zurückzahlen, wenn er/sie das Arbeitsverhältnis innerhalb eines Jahres nach dem Umzug löst, ohne dafür einen Grund zu haben, der ihn/ sie zur fristlosen Kündigung berechtigt. Die gleiche Rückzahlungsverpflichtung tritt ein, wenn die Firma das Arbeitsverhältnis aus wichtigem Grunde fristlos kündigt.

oder:

Die Umzugskosten sind zeitanteilig zurückzuzahlen, wenn Herr/Frau ... das Arbeitsverhältnis vor Ablauf von zwei Jahren nach dem Umzug löst, ohne dafür einen Grund zu haben, der ihn/sie zur fristlosen Kündigung berechtigt. Die gleiche Rückzahlungsverpflichtung tritt ein, wenn die Firma das Arbeitsverhältnis aus wichtigem Grunde fristlos kündigt.

2. [Gruppenunfallversicherung]

Die Firma ... schließt zugunsten von *Herrn/Frau* eine Unfallversicherung mit folgenden Deckungssummen ab:

... DM bei Tod,

... DM bei Vollinvalidität.

Bei Teilinvalidität ermäßigen sich diese Leistungen entsprechend dem Invaliditätsgrad.

3. [Dienstreisen]

Bei angeordneten Geschäftsreisen werden die notwendigen Auslagen im Rahmen der für die Firma geltenden Reisekostenordnung/*Dienstreiseordnung* erstattet.

oder:

Für Reisen, die im Interesse der Firma ... notwendig werden, gewährt diese Herrn/Frau ... Kostenerstattung nach den festgelegten Sätzen.

oder, falls der Angestellte einen eigenen PKW benutzt:

Für Reisen, die im Interesse der Firma ... notwendig werden, gewährt diese Herrn/Frau ... ein Kilometergeld von 0,... DM für jeden nachweisbar gefahrenen Kilometer sowie einen täglichen Spesensatz von ... DM.

§ 7 Altersversorgung

Herr/Frau ... nimmt teil am Versorgungswerk der Firma ... nach Maßgabe der für diese Versorgungseinrichtung geltenden Richtlinien. Diese Richtlinien sind nicht Bestandteil des Arbeitsvertrages.

oder:

Die Firma erteilt Herrn/Frau ... eine besondere Versorgungszusage außerhalb dieses Vertrages.

oder:

Die Firma ... zahlt Herrn/Frau ... nach Eintritt in den Ruhestand bzw. bei Eintritt dauernder Erwerbsunfähigkeit ein lebenslanges Ruhegeld, für dessen Höhe und Berechnung folgende Grundsätze gelten: ...

§ 8 Urlaub

Herr/Frau ... erhält einen Erholungsurlaub von ... Arbeitstagen im Kalenderjahr.

[evtl. Zusatz:]
Dieser Urlaub erhöht sich mit der Dauer der Betriebszugehörigkeit gemäß den hierfür geltenden Richtlinien.

Herr/Frau ... darf während des Urlaubs keiner Erwerbstätigkeit nachgehen.

oder:

Herr/Frau ... darf während des Urlaubs nur mit schriftlicher Zustimmung der Firma ... einer Erwerbstätigkeit nachgehen.

§ 8a Zusätzliches Urlaubsgeld

Die Firma ... gewährt freiwillig ein zusätzliches Urlaubsgeld von DM ... je Urlaubstag/*Urlaubsjahr*. Herr/Frau ... erkennt an, daß er/sie keinen Rechtsanspruch auf dieses frei widerrufliche Urlaubsgeld hat.

Scheidet Herr/Frau ... auf Grund eigener Kündigung bis zum Schluß des auf den Auszahlungstermin des Urlaubsgeldes folgenden Kalendervierteljahres/*zum Ende des Kalenderjahres, in dem das zusätzliche Urlaubsgeld gewährt wurde*, aus dem Dienst der Firma ... aus oder wird er/sie aus einem wichtigen Grunde, den er/sie zu vertreten hat, bis zu diesem Zeitpunkt fristlos entlassen, so ist er/sie verpflichtet, das zusätzliche Urlaubsgeld in voller Höhe (oder: *zur Hälfte*) zurückzuzahlen.

oder:

Scheidet Herr/Frau ... auf Grund eigener Kündigung bis zum Schluß des auf den Auszahlungstermin des Urlaubsgeldes folgenden Kalendervierteljahres/ zum Ende des Kalenderjahres, in dem das zusätzliche Urlaubsgeld gewährt wurde, aus den Diensten der Firma ... aus oder wird er/sie aus einem wichtigen Grunde, den er/sie zu vertreten hat, bis zu diesem Zeitpunkt fristlos entlassen, so ist die Firma ... berechtigt, den Betrag des freiwilligen Urlaubsgeldes bis zur Höhe des pfändbaren Teils der Vergütung vom letzten Gehalt einzubehalten/gegen das letzte Gehalt aufzurechnen.

Herr/Frau ... verpflichtet sich, den Restbetrag an die Firma ... zurückzuzahlen.

§ 9 Arbeitsverhinderung

Ist Herr/Frau ... durch Krankheit oder sonstige unvorhergesehene Ereignisse verhindert zu arbeiten, so hat er/sie das der Firma ... unverzüglich mitzuteilen und die Gründe anzugeben.

Bei Verhinderung durch Krankheit hat Herr/Frau ... spätestens am dritten Arbeitstag/*Werktag*/ nach Beginn der Verhinderung eine Bescheinigung seines/ihres Arztes über die Arbeitsunfähigkeit vorzulegen. Ist die Bescheinigung mit besonderen Kosten verbunden, so trägt diese die Firma ...

Herr/Frau ... hat so früh wie möglich der für ihn/sie zuständigen Personalstelle Mitteilung zu machen, wenn eine Kur beantragt oder bewilligt worden ist, ebenso, wenn er/sie von dem Zeitpunkt der Einberufung zu dieser Kur erfährt.

§ 10 Gehaltsfortzahlung bei Krankheit und Tod

1. Wird Herr/Frau ... durch ärztlich nachgewiesene unverschuldete Krankheit, Betriebsunfall oder durch ein von dem zuständigen Träger der Rentenversicherung angeordnetes Heilverfahren gehindert, seiner/ihrer vertraglichen Arbeitspflicht nachzukommen, dann zahlt die Firma ... das vereinbarte Gehalt für sechs Wochen *(oder: ... Monate)* weiter, beginnend mit dem ersten Tage der Arbeitsunfähigkeit bzw. des Heilverfahrens.

(Falls eine Fortzahlung des Gehaltes für länger als sechs Wochen vereinbart wird, kann man den Zusatz machen: Erkrankt Herr/Frau ... wiederholt innerhalb von zwei Jahren, gerechnet vom Beginn der ersten Erkrankung an, so beschränkt sich die über den gesetzlichen Umfang hinaus gewährte Fortzahlung der Bezüge auf ... Monate/Wochen insgesamt.)

[Zusatz:]

Nach Ablauf dieser Frist erhält Herr/Frau ... für die Dauer von ... Monaten einen freiwilligen Zuschuß, der sich aus dem Unterschied zwischen Bruttogehalt und dem Krankengeldhöchstsatz der für den Hauptsitz der Firma ... zuständigen Pflichtkrankenkasse errechnet.

2. [Abtretung von Schadensersatzansprüchen]

Zwischen den Parteien dieses Vertrages besteht Einigkeit darüber, daß etwaige Schadensersatzansprüche, die Herr/Frau ... gegen einen Dritten aus einem zur Arbeitsunfähigkeit führenden Ereignis hat, an die Firma ... in Höhe der von ihr gewährten Gehaltsfortzahlung im voraus abgetreten sind. Herr/Frau wird die Firma ... bei der Durchsetzung ihrer Ansprüche nach besten Kräften unterstützen.

3. Stirbt Herr/Frau ..., so zahlt die Firma ... sein/ihr zuletzt bezogenes Gehalt für einen Monat (oder ... Monate) an seine/ihre Angehörigen weiter, die er/sie zur Zeit seines/ihres Todes ganz oder überwiegend unterhalten hat. [Gegebenenfalls: Für diese Zeit entfallen Leistungen an die Hinterbliebenen aus der betrieblichen Alters-/Hinterbliebenen-Versorgung.]

§ 11 Arbeitsbefreiung in besonderen Fällen

Herr/Frau ... hat Anspruch auf Arbeitsbefreiung in folgenden Fällen:

a) bei eigener Eheschließung für ... Tage;

b) bei Familienumzug für ... Tage;

c) beim Tode naher Angehöriger für ... Tage.

Diese Tage werden nicht auf den Erholungsurlaub angerechnet; auch darf kein Gehaltsabzug vorgenommen werden.

Bei sonstigen unverschuldeten Arbeitsverhinderungen richtet sich der Anspruch auf Arbeitsbefreiung unter Fortzahlung der Vergütung nach § 616 Abs. 1 BGB.

§ 12 Nebenpflichten

1. [Verschwiegenheitspflicht]

Herr/Frau ... muß alle betrieblichen Angelegenheiten, insbesondere Geschäfts- und Betriebsgeheimnisse, geheimhalten, die ihm/ihr während seiner/ihrer Tätigkeit bekanntgeworden sind.

2. [Nebenbeschäftigung]

Herr/Frau ... darf während des Arbeitsverhältnisses eine auf Erwerb gerichtete Nebentätigkeit nur mit schriftlicher Genehmigung der Firma ... ausüben.

oder:

Herr/Frau ... bedarf zu jeder auf Erwerb gerichteten Nebenbeschäftigung, die sich auf mehr als ... Wochenstunden erstreckt, der schriftlichen Genehmigung der Firma ...

§ 13 Wettbewerbsverbot

[Wettbewerbsverbot während des Arbeitsverhältnisses – kann bei kaufmännischen Angestellten im Sinne des Handelsgesetzbuches entfallen –:]

Herr/Frau ... verpflichtet sich, vor der rechtlichen Beendigung des Arbeitsverhältnisses für keinen anderen Arbeitgeber tätig zu sein, insbesondere nicht in die Dienste eines Konkurrenzunternehmens zu treten, sich daran mit Kapital zu beteiligen oder es in anderer Weise zu unterstützen. Handelt Herr/Frau ... dieser Verpflichtung zuwider, so kann die Firma ... ihn/sie auf Unterlassung in Anspruch nehmen *(oder/und: fristlos kündigen)*.

[Nachvertragliches Wettbewerbsverbot]

Scheidet Herr/Frau ... aus den Diensten der Firma ... aus, gleichgültig, wodurch das Ausscheiden bewirkt wurde, so darf er/sie für *Monate/ ... Jahre* nach Beendigung des Arbeitsverhältnisses nicht in die Dienste eines Unternehmens treten, das als Konkurrenz zu der Firma ... bezeichnet werden kann *(oder: eines Unternehmens zur Herstellung von ... im Bereich [z. B. des Regierungsbezirks Köln, der Stadt München, des Landes Hessen] treten)*, sich daran mit Kapital beteiligen oder es in anderer Weise unterstützen. Er/sie darf während der gleichen Frist kein selbständiges Konkurrenzunternehmen gründen, betreiben oder leiten.

Für die Dauer des Wettbewerbsverbotes hat die Firma an Herrn/Frau ... eine monatliche Entschädigung von ... *(z. B. der Hälfte, 75%)* seiner/ihrer Durchschnittsbezüge der letzten 12 Monate des Arbeitsverhältnisses zu zahlen. Die Entschädigung wird zugleich dafür gezahlt, daß Herr/Frau ... auch nach Beendigung des Arbeitsverhältnisses Geschäfts- und Betriebsgeheimnisse wahrt, die ihm/ihr während seiner/ihrer Tätigkeit bei der Firma ... bekanntgeworden sind.

Im übrigen gelten für das Wettbewerbsverbot und die Karenzentschädigung die §§ 75–75c HGB.

§ 14 Vertragsstrafen

Beendet Herr/Frau ... seine/ihre Tätigkeit für die Firma ... ohne wichtigen Grund und ohne Einhaltung einer Kündigungsfrist (Arbeitsvertragsbruch), so kann die Firma ..., unbeschadet ihrer sonstigen Rechte, eine Vertragsstrafe von ... DM verlangen. Handelt Herr/Frau ... dem Wettbewerbsverbot des § 13 zuwider, so kann die Firma ..., unbeschadet ihrer sonstigen Rechte, für jeden Fall der Zuwiderhandlung eine Vertragsstrafe von ... DM verlangen.

§ 15 Beendigung des Arbeitsverhältnisses

Das Arbeitsverhältnis endet ohne Kündigung am letzten Tage vor dem Ersten des Monats, von dem an Herr/Frau ... Rente aus der gesetzlichen Alterssicherung erhält, spätestens am Letzten des Monats, in dem Herr/Frau ... das 65. Lebensjahr vollendet. Vorher können es beide Parteien jeweils zum Ende eines Kalendervierteljahres mit einer Frist von sechs Wochen *(oder: mit einer Frist von ... Monaten zum Schluß eines Kalendermonats/Kalendervierteljahres)* kündigen. Nach jeweils ... Jahren der Beschäftigung im Betrieb der Firma ... verlängert sich die Kündigungsfrist für beide Seiten um ... Monate. Soweit das Gesetz längere Kündigungsfristen vorsieht, gelten diese für beide Seiten.

[Möglicher Zusatz]

Nach einer Beschäftigungsdauer von ... Jahren kann das Arbeitsverhältnis beiderseits nur noch aus wichtigem Grunde fristlos gekündigt werden. Dies gilt nicht für Kündigungen bei Betriebseinschränkungen im Rahmen eines Sozialplanes sowie für Änderungskündigungen.

§ 16 Schlußbestimmungen

Für das Arbeitsverhältnis gelten außer den Bestimmungen dieses Vertrages das Gesetz, die Arbeitsordnung/*Betriebsordnung* und die Betriebsvereinbarungen. Vertragsänderungen bedürfen der Schriftform. Mündliche Vereinbarungen über die Aufhebung der Schriftform sind nichtig.

[Mögliche salvatorische Klausel: Sollte infolge Änderung der Gesetzgebung oder durch höchstrichterliche Rechtsprechung eine Bestimmung dieses Vertrages ungültig werden, wird die Gültigkeit der übrigen Bestimmungen hierdurch nicht berührt.]

Herr/Frau ... bestätigt hierunter durch seine/ihre eigenhändige Unterschrift, daß ihm/ihr ein von der Firma ... unterzeichnetes Exemplar dieses Vertrages ausgehändigt worden ist.

[evtl. Zusatz, wenn während des bestehenden Arbeitsverhältnisses ein neuer Vertrag geschlossen wird:]

Dieser Anstellungsvertrag tritt an die Stelle des Anstellungsvertrages vom ..., der hiermit in allen Punkten/*mit Ausnahme folgender Punkte* ... einvernehmlich aufgehoben wird.

II. Dauerarbeitsvertrag mit Angestellten (ohne Tarifbindung und ohne Bezugnahme auf einen Tarifvertrag – Kurzfassung in Briefform)

Herrn/Frau ... in ...

Betr.: Arbeitsvertrag

Sehr geehrter/e ...

Wie mit Ihnen vereinbart, treten Sie mit dem ... in unsere Dienste als ... Sie sind aber verpflichtet, auch andere zumutbare Arbeit zu leisten. Sie erhalten ein monatliches Bruttogehalt von ... DM *(oder: ein monatliches Fixum von ... DM und eine nach folgenden Grundsätzen berechnete Provision: ...)*. Im Falle von Kurzarbeit, die wir aus dringenden betrieblichen Erfordernissen mit einer Ankündigungsfrist von vier Wochen einführen können, verringert sich das Gehalt im Verhältnis der ausfallenden Stunden. Sie haben Anspruch auf einen jährlichen Erholungsurlaub von ... Arbeitstagen und im Falle unverschuldeter Erkrankung Anspruch auf Fortzahlung des Gehalts für ... *Wochen/Monate.* Das Arbeitsverhältnis ist jeweils zum Ende eines Kalendervierteljahres/*Kalendermonats* mit einer Frist von sechs Wochen/ ... *Monaten* kündbar. Im übrigen gelten die gesetzlichen Bestimmungen, die Arbeitsordnung/*Betriebsordnung* und die Betriebsvereinbarungen.

Wir bitten Sie, Ihr Einverständnis mit dem Inhalt dieses Schreibens auf der beigefügten Kopie zu bestätigen und uns diese zurückzureichen. Mit freundlichen Grüßen ...

III. Dauerarbeitsvertrag mit Angestellten (bei beiderseitiger Tarifbindung oder mit Bezugnahme auf einen Tarifvertrag – ausführliche Form)

Herr/Frau ... und die Firma ... schließen folgenden

ARBEITSVERTRAG:

§ 1 Beginn des Arbeitsverhältnisses

Das Arbeitsverhältnis beginnt am ...

oder:

Das Arbeitsverhältnis beginnt am ... Herr/Frau ... wird seine/ihre Tätigkeit am ... aufnehmen. Er/Sie hat vom ... an Anspruch auf Gehalt.

oder:

Das Arbeitsverhältnis hat am ... begonnen. Die Betriebszugehörigkeit rechnet, sofern von ihrer Dauer Art und Höhe besonderer betrieblicher Leistungen abhängen, vom ... an.

Die Parteien sind gebunden an den Mantel-/*Rahmen*-Tarifvertrag vom ..., den Gehaltstarifvertrag vom ... und den Urlaubstarifvertrag vom ..., sämtlich abgeschlossen zwischen ... und ...

oder, bei fehlender Tarifbindung:

Für das Arbeitsverhältnis gelten der Mantel-/Rahmen-Tarifvertrag vom ..., der Gehaltstarifvertrag vom ... und der Urlaubstarifvertrag vom ..., sämtlich abgeschlossen zwischen ..., und zwar in der Fassung vom ... (oder: in der jeweils gültigen Fassung).

§ 1a Veränderungsmeldung, Vorlage von Unterlagen

Herr/Frau ... hat Änderungen des Familienstandes und sonstiger Tatsachen, die im Bewerbungsbogen aufgeführt sind, der Personalabteilung unverzüglich anzuzeigen. Ebenso ist mitzuteilen, ob Herr/Frau ... Anlagen nach dem Vermögensbildungsgesetz vorgenommen hat.

Herr/Frau ... muß vor Dienstantritt eine Gehalts- und Urlaubsbescheinigung des letzten Arbeitgebers vorlegen, ebenso die Lohnsteuerkarte und das Versicherungsnachweisheft bzw. die entsprechenden Ersatzbescheinigungen.

§ 2 Tätigkeit

Die Firma ... wird Herrn/Frau ... mit Arbeiten beschäftigen – die den Tätigkeitsmerkmalen der Gehalts-/Beschäftigungsgruppe ... des Mantel-/*Rahmen*tarifvertrages entsprechen.

oder:
Die Firma ... wird Herrn/Frau ... mit folgenden Arbeiten beschäftigen: ...
oder:
Herr/Frau ... wird eingestellt als ... (z. B. Buchhalter, Verkäufer[in], Stenotypistin, Kontoristin, technischer Zeichner, Bautechniker, Werkmeister, Arbeitsvorbereiter). Sein/Ihr Arbeitsgebiet umfaßt: ...
oder:
Die Tätigkeit richtet sich nach der diesem Vertrag beigefügten Stellenbeschreibung, deren Änderung und Ergänzung nach betriebsorganisatorischen Erfordernissen sich die Firma ... vorbehält.

Die Firma ... behält sich vor, Herrn/Frau ... eine andere zumutbare Arbeit im gleichen Betrieb *(oder: in der gleichen Betriebsabteilung; oder: im Unternehmen der Firma ...)* zuzuweisen, die seinen/ihren Vorkenntnissen und Fähigkeiten entspricht, sowie das Aufgabengebiet und das Unterstellungsverhältnis aus organisatorischen Gründen zu ändern.

[Gegebenenfalls: Dieser Vorbehalt erstreckt sich auch auf die Versetzung an einen anderen Einsatzort ...
oder:
Ist mit der Zuweisung einer anderen Tätigkeit ein Ortswechsel verbunden, erklärt Herr/Frau ... hiermit seine/ihre Umzugsbereitschaft.]
Bei Zuweisung einer anderen Tätigkeit richtet sich die Vergütung nach den tariflichen Bestimmungen.
[Enthält der einschlägige Tarifvertrag keine Bestimmungen hierüber, können folgende Formulierungen verwendet werden:
Macht die Firma ... hiervon Gebrauch, so ist sie verpflichtet, das *gleiche Entgelt weiterzuzahlen.*
oder:
Die Firma ... behält sich vor, Herrn/Frau ... eine andere zumutbare Arbeit im gleichen Betrieb (oder: in der gleichen Betriebsabteilung; oder: im Unternehmen der Firma ...) zuzuweisen, die seinen/ihren Vorkenntnissen und Fähigkeiten entspricht. Eine Entgeltminderung darf erst nach einem Monat eintreten.
oder:
Die Firma ... behält sich vor, Herrn/Frau ... eine andere zumutbare Arbeit im gleichen Betrieb (oder: in der gleichen Betriebsabteilung; oder: im Unternehmen der Firma ...) zuzuweisen, die seinen/ihren Vorkenntnissen und Fähigkeiten entspricht. Dabei richtet sich das Entgelt nach der neu zugewiesenen Tätigkeit.]

oder [Konzern-Versetzungsklausel]:

Herr/Frau ... ist damit einverstanden, daß ihm/ihr eine andere und/oder zusätzliche gleichwertige Tätigkeit übertragen werden kann und er/sie innerhalb der Gesellschaften des/der ... Konzerns/Gruppe eingesetzt werden kann. Dabei wird die Firma ... die persönlichen und sozialen Belange von Herrn/Frau ... berücksichtigen.

§ 3 Arbeitszeit

1. Die regelmäßige wöchentliche Arbeitszeit richtet sich nach dem Tarifvertrag; sie beträgt z. Zt. ... Stunden.

oder:

Die regelmäßige Arbeitszeit beträgt ... Stunden wöchentlich; ihre Änderung richtet sich nach den tariflichen Bestimmungen und den evtl. zu ihrer Durchführung getroffenen betrieblichen Vereinbarungen.

oder, wenn der einschlägige Tarifvertrag entsprechende Öffnungsklauseln enthält:

Herr/Frau ... wird an folgenden Wochentagen je ... Stunden von ... bis ... Uhr beschäftigt: ...

[Arbeitszeit nach Arbeitsanfall – BeschFG 1985 –]

Herr/Frau ... wird im Betrieb/Betriebsteil ... als ... in ... -Beschäftigung eingestellt. Die vereinbarte durchschnittliche Arbeitszeit beträgt ... Stunden pro Woche/Monat/Jahr. Sie ist entsprechend dem Arbeitsanfall zu erbringen. Dabei ist Herr/Frau ... zum Einsatz verpflichtet, wenn ihm/ihr dessen Lage und Dauer mindestens vier Tage im voraus mitgeteilt werden. Das Recht der Parteien, im gegenseitigen Einvernehmen auf die Einhaltung dieser Frist zu verzichten, bleibt hiervon unberührt.

[Verpflichtung zu zusätzlicher Arbeitsleistung]

Herr/Frau ... ist verpflichtet, auch Nachtarbeit/Nachtschichtarbeit/Schichtarbeit/Sonntagsarbeit/Überstunden zu leisten, soweit das gesetzlich und tariflich zulässig ist.

oder:

Herr/Frau ... ist verpflichtet, Überstunden im Rahmen des gesetzlich und tariflich Zulässigen zu leisten, darf aber nicht mit Nachtarbeit/Nacht-/Spätschichtarbeit/Sonntagsarbeit beschäftigt werden.

2. Die Einführung von Kurzarbeit richtet sich nach den tariflichen Bestimmungen.

[*Fehlen solche, so kann die Formulierung in § 3 Nr. 2 des Musters I* – siehe S. 4 – *übernommen werden.*]

§ 4 Entgelt

1. Unter Eingruppierung in die tarifliche Gehaltsgruppe ... auf der Grundlage des derzeitig gültigen Tarifgehaltes von ... erhält Herr/Frau ... folgendes Arbeitsentgelt:

Tarifgehalt Gruppe K/T ...	DM ....
Tarifl. Leistungszulage	DM ....
übertarifl. freiw. Zulage	DM ....
....	DM ....
Gesamtgehalt	DM ....

Übertarifliche Gehaltsbestandteile werden freiwillig jederzeit nach billigem Ermessen widerruflich und längstens für die Laufdauer des jeweiligen Gehaltsabkommens gewährt. Die Firma ... behält sich vor, die übertarifliche Zulage jederzeit neu festzusetzen, und zwar auch rückwirkend, wenn und soweit eine Tariflohnerhöhung rückwirkend in Kraft tritt.

2. [Mehrarbeitsvergütung und Lohnzuschläge]

Für Nachtarbeit/Nachtschichtarbeit/Sonntagsarbeit/Überstunden zahlt die Firma ... die tariflichen Zuschläge.

Durch die übertarifliche Zulage nach § 4 Nr. 1 werden ... Überstunden im Monat abgegolten.

3. [Gehaltsverpfändung und -abtretung:

Hier können die Bestimmungen in § 4 Nr. 3 des Musters I – siehe S. 5 f. – unverändert übernommen werden.]

§ 5 Sondervergütungen

[Hier sind etwaige tarifliche Sonderleistungen, wie Absicherung eines 13. Monatsentgeltes, oder betriebliche Sonderleistungen gemäß § 5 des Musters I (siehe S. 5 f.) aufzuführen.]

§ 6 Nebenleistungen

§ 7 Altersversorgung

[Hier können die entsprechenden Formulierungen aus dem Muster I – siehe S. 7 – verwendet werden.]

§ 8 Urlaub

Herr/Frau ... hat Anspruch auf Erholungsurlaub nach den Bestimmungen des Tarifvertrages.

[Enthält der Tarifvertrag keine Vorschriften über den Erholungsurlaub oder verweist er auf die Bestimmungen des Bundesurlaubsgesetzes, so kann man hier die Bestimmungen in § 8 des Musters I – siehe S. 7 – übernehmen.]

§ 8a Zusätzliches Urlaubsgeld

Die Firma ... gewährt Herrn/Frau ... ein zusätzliches Urlaubsgeld in tariflicher Höhe.

[Wenn eine tarifliche Regelung insoweit fehlt, vgl. § 8a des Musters I – siehe S. 8 –.]

§ 9 Arbeitsverhinderung

Es gelten die Vorschriften des in § 1 dieses Vertrages erwähnten Mantel-/Rahmen-Tarifvertrages.

oder, falls tarifliche Bestimmungen fehlen:

Ist Herr/Frau ... durch Krankheit oder sonstige unvorhergesehene Ereignisse verhindert zu arbeiten, so hat er/sie das der Firma ... unverzüglich mitzuteilen und die Gründe anzugeben. Bei Verhinderung durch Krankheit hat Herr/Frau ... spätestens am dritten Arbeitstag/Werktag/Kalendertag nach Beginn der Verhinderung eine Bescheinigung seines/ihres Arztes über die Arbeitsunfähigkeit vorzulegen. Ist diese Bescheinigung mit besonderen Kosten verbunden, so trägt diese die Firma ...

Herr/Frau ... hat so früh wie möglich der Personalabteilung Mitteilung zu machen, wenn eine Kur beantragt oder bewilligt worden ist, ebenso, wenn er/sie von dem Zeitpunkt der Einberufung zu dieser Kur erfährt.

§ 10 Gehaltsfortzahlung bei Krankheit

1. Herr/Frau ... hat bei Arbeitsverhinderung infolge Krankheit Anspruch auf Fortzahlung seines/ihres Gehaltes unter den Voraussetzungen der in § 1 dieses Vertrages genannten tariflichen Bestimmungen.

[Wenn tarifliche Vorschriften über die Gehaltsfortzahlung bei Krankheit fehlen, können hier die Bestimmungen in § 10 des Musters I – siehe S. 9 – übernommen werden.]

2. [Abtretung von Schadensersatzansprüchen]

Zwischen den Parteien dieses Vertrages besteht Einigkeit darüber, daß etwaige Schadensersatzansprüche, die Herr/Frau ... gegen einen Dritten aus einem zur Arbeitsunfähigkeit führenden Ereignis hat, an die Firma ... in Höhe der von ihr gewährten Gehaltsfortzahlung im voraus abgetreten sind. Herr/Frau ... wird die Firma ... bei der Durchsetzung ihrer Ansprüche nach besten Kräften unterstützen.

3. [Gehaltsfortzahlung bei Tod: Sollten hier tarifliche Vorschriften fehlen, kann die Formulierung aus § 10 Nr. 3 des Musters I – siehe S. 9 – übernommen werden.]

§ 11 Arbeitsbefreiung in besonderen Fällen

Insoweit gelten die Bestimmungen des in § 1 dieses Vertrages erwähnten Mantel-/*Rahmen*-Tarifvertrages.

oder, falls solche fehlen:

Herr/Frau ... hat Anspruch auf Arbeitsbefreiung in folgenden Fällen:

a) bei eigener Eheschließung für ...Tage;
b) bei Familienumzug für ...Tage;
c) beim Tode naher Angehöriger für ...Tage.

Diese Tage werden nicht auf den Erholungsurlaub angerechnet; auch darf kein Gehaltsabzug vorgenommen werden.

Bei sonstigen unverschuldeten Arbeitsverhinderungen richtet sich der Anspruch auf Arbeitsbefreiung unter Fortzahlung der Vergütung nach § 616 Abs. 1 BGB.

§ 12 Nebenpflichten

[Vgl. Muster I, S. 10, falls keine tariflichen Bestimmungen entgegenstehen.]

§ 13 Wettbewerbsverbot

[Vgl. Muster I, S. 10, 11, falls keine tariflichen Bestimmungen entgegenstehen.]

§ 14 Vertragsstrafen

[Hier können, sofern bei beiderseitiger Tarifbindung – siehe hierzu unten S. 22 – keine tariflichen Bestimmungen entgegenstehen und ggf. in Ergänzung zu diesen, die entsprechenden Formulierungsvorschläge aus Muster I – siehe S. 11 – übernommen werden.]

§ 15 Beendigung des Arbeitsverhältnisses

Das Arbeitsverhältnis endet ohne Kündigung am letzten Tage vor dem Ersten des Monats, von dem an Herr/Frau ... Rente aus der gesetzlichen Alterssicherung erhält, spätestens am Letzten des Monats, in dem Herr/Frau ... das 65. Lebensjahr vollendet. Vorher können es beide Seiten mit den tariflichen Fristen zu den tariflich vorgesehenen Terminen kündigen.

[Beim Fehlen entsprechender Tarifvorschriften können hier die Bestimmungen in § 15 des Musters I – siehe S. 11 – übernommen werden.]

§ 16 Schlußbestimmungen

Für das Arbeitsverhältnis gelten außer den Bestimmungen dieses Vertrages und der Tarifverträge das Gesetz, die Arbeitsordnung/*Betriebsordnung* und die Betriebsvereinbarungen. Vertragsänderungen bedürfen der Schriftform. Mündliche Vereinbarungen über die Aufhebung der Schriftform sind nichtig.

[Für eine mögliche salvatorische Klausel kann die Formulierung aus Muster I S. 12 genommen werden.]

Herr/Frau ... bestätigt hierunter durch seine/ihre eigenhändige Unterschrift, daß ihm/ihr ein von der Firma ... unterzeichnetes Exemplar dieses Vertrages ausgehändigt worden ist.

[evtl. Zusatz, wenn während des bestehenden Arbeitsverhältnisses ein neuer Vertrag geschlossen wird:]

Dieser Anstellungsvertrag tritt an die Stelle des Anstellungsvertrages vom ..., der hiermit in allen Punkten *mit Ausnahme folgender Punkte ...* einvernehmlich aufgehoben wird.

IV. Dauerarbeitsvertrag mit Angestellten (bei beiderseitiger Tarifbindung oder mit Bezugnahme auf einen Tarifvertrag – Kurzfassung in Briefform)

Sehr geehrter/e ...

Wie mit Ihnen vereinbart, treten Sie mit dem ... in unsere Dienste als ..., sind aber verpflichtet, auch andere zumutbare Arbeit zu leisten.

Für das Arbeitsverhältnis gelten der Mantel/*Rahmen*-Tarifvertrag vom ... und das Gehaltsrahmenabkommen/*der Gehaltsrahmentarifvertrag vom* ..., ferner der Gehaltstarifvertrag/*und der Urlaubstarifvertrag* vom ..., sämtlich abgeschlossen zwischen ..., und zwar in der Fassung vom ...*[oder: in der jeweils gültigen Fassung]*. Sie erhalten das Tarifgehalt der Gruppe K/T ... des obigen Gehaltsrahmenabkommens/-tarifvertrages *[oder: Sie erhalten ein monatliches Gehalt, das sich wie folgt zusammensetzt: 1. Tarifgehalt der Gruppe K/T ... DM, 2. übertarifliche Zulage: ... DM. Übertarifliche Zulagen werden jederzeit widerruflich und nur bis zu einer Änderung der derzeitigen Tarifgehälter gewährt.]*

Im übrigen gelten die gesetzlichen Bestimmungen, die Arbeitsordnung/*Betriebsordnung* und die Betriebsvereinbarungen.

Wir bitten Sie, Ihr Einverständnis mit dem Inhalt dieses Schreibens auf der beigefügten Kopie zu bestätigen und uns diese zurückzureichen.

V. Anleitung für den Benutzer

1. Allgemeines

Die Muster sollen Ihnen vor allem Anhaltspunkte geben, woran Sie bei Abschluß eines Arbeitsvertrages denken müssen und wie Sie den Vertrag zweckmäßig und rechtlich einwandfrei formulieren. Die Muster dürfen aber nicht kritiklos übernommen, sondern müssen den Gegebenheiten des Betriebes angepaßt werden. Wo in der Praxis häufig verschiedenartige Regelungen vorkommen, sind mehrere Formulierungen zur Auswahl gestellt oder als Beispiele angeführt. Streichen Sie bitte dasjenige, was Sie nicht wünschen oder für Sie nicht zutrifft, oder ändern Sie es nach den Besonderheiten Ihres Betriebes und des Arbeitsverhältnisses. Besonderer Druck *(Kursivdruck)* zeigt an, daß für die betreffende Stelle verschiedene Abwandlungen denkbar sind und daß man sich überlegen soll, was im Einzelfall in Frage kommt. Wo *Kursivdruck* erscheint, m ü s s e n Sie etwas streichen, denn es dürfen nicht mehrere einander widersprechende Bestimmungen nebeneinander stehen bleiben!

2. Tarifbindung

Seit dem 3. Oktober 1990 gilt das Tarifvertragsgesetz auch im Gebiet der Bundesländer Mecklenburg-Vorpommern, Brandenburg, Sachsen-Anhalt, Thüringen und Sachsen und hat das bisher dort herrschende Tarifsystem abgelöst. Daher sind die nachstehenden Grundsätze auch in den genannten neuen Bundesländern anzuwenden.

Beiderseitige Tarifbindung besteht in folgenden Fällen:

a) Der Arbeitnehmer gehört einer Gewerkschaft an, der Arbeitgeber ist Mitglied eines Arbeitgeberverbandes. Beide Verbände haben einen T a r i f v e r t r a g abgeschlossen (Verbandstarif), und in dessen räumlichen, betrieblichen, fachlichen und persönlichen Geltungsbereich fällt das Arbeitsverhältnis. Statt eines Arbeitgeberverbandes kann auch der einzelne Arbeitgeber selbst Tarifvertragspartei sein; es handelt sich dann um einen Firmen-, Betriebs- oder Haustarif.

b) Zwar gehören entweder der Arbeitnehmer oder der Arbeitgeber oder beide keinem tarifschließenden Verband an, aber ein Tarifvertrag, der das Arbeitsverhältnis räumlich, betrieblich, fachlich und persönlich umfaßt, ist für a l l g e m e i n v e r b i n d l i c h erklärt worden. Die für allgemeinverbindlich erklärten Tarifverträge werden regelmäßig im Bundesanzeiger (§ 11 der Verordnung zur Durchführung des Tarifvertragsgesetzes vom 20. 2. 1970 – BGBl. I S. 193) sowie im Bundesarbeitsblatt bekanntgemacht. An beiden Stellen werden auch die Mitteilungen der Tarifvertragspartner über das Außerkrafttreten und die Änderung allgemeinverbindlicher Tarifverträge veröffentlicht.

3. Regelung der Arbeitsbedingungen bei fehlender Tarifbindung

Sind Arbeitgeber und Arbeitnehmer nicht tarifgebunden, so können sie die Arbeitsbedingungen im Rahmen der gesetzlichen Bestimmungen frei aushandeln und vertraglich festlegen. Wollen Sie alle Arbeitsbedingungen im einzelnen selbst regeln, dann benutzen Sie bitte die Muster I (ausführliche Form) oder II (Kurzform). Aus Gründen der Vereinfachung oder um gleichmäßige Arbeitsbedingungen zu erhalten, wenn ohnehin ein Teil der Belegschaft tarifgebunden ist, kann man auch in dem Arbeitsvertrag auf einen Tarifvertrag v e r w e i s e n ; hierzu benutzen Sie bitte Muster III (ausführliche Form) oder IV (Kurzform). Wollen Sie auf den Tarifvertrag verweisen, dann ist zu überlegen, ob nur der gerade geltende Tarifvertrag zum Inhalt des Arbeitsvertrages werden soll oder der jeweils geltende. Im letzteren Fall ändern sich die Arbeitsbedingungen automatisch mit den tariflichen Bestimmungen, zum Beispiel bei tariflichen Gehaltserhöhungen. Im ersteren Fall verbleibt es dagegen bei den einmal vereinbarten Bedingungen.

4. Regelung der Arbeitsbedingungen bei beiderseitiger Tarifbindung

Sind Arbeitgeber und Arbeitnehmer tarifgebunden, so dürfen sie keine Arbeitsbedingungen vereinbaren, die für den Arbeitnehmer ungünstiger sind als die tariflichen. Denn die Bedingungen des Tarifvertrages sind Mindestarbeitsbedingungen. Es empfiehlt sich daher, zuerst im Tarifvertrag nachzusehen.

Nicht in jedem Tarifvertrag sind alle nur denkbaren Arbeitsbedingungen geregelt. Daher bleibt meistens noch Raum für einzelvertragliche Abmachungen. Hier benutze man die Muster III (ausführliche Form) und IV (Kurzform). Die Muster sind auf die häufigsten Tarifregelungen abgestellt worden, m ü s s e n aber in jedem Falle auf den Tarifvertrag abgestellt werden, weil die Tarifverträge sehr verschieden sind. Die Muster geben außerdem Anhaltspunkte, wie man Vereinbarungen über etwaige übertarifliche und außertarifliche Leistungen formuliert. Regelt der Tarifvertrag nur Einzelfragen (z.B. nur das Gehalt), so nehmen Sie zweckmäßigerweise für die tarifvertraglich nicht geregelten Arbeitsbedingungen die betreffenden Formulierungen aus Muster I statt aus Muster III.

5. Die Muster im einzelnen

Vorbemerkung

Ausführliche Arbeitsverträge (Muster I und III) sind immer dann zu empfehlen, wenn man damit rechnet, daß das Arbeitsverhältnis langen Bestand haben wird. Die Kurzformen (Muster II und IV) sind nur dann angezeigt, wenn lediglich mit einem kürzeren Arbeitsverhältnis zu rechnen ist oder

wenn – bei Tarifbindung oder Verweisung auf einen Tarifvertrag – die Arbeitsbedingungen tariflich ausführlich geregelt sind. Beachten Sie bitte: Eine schriftliche Regelung aller Arbeitsbedingungen beugt späteren Streitigkeiten vor bzw. erleichtert deren Durchführung, wenn sie unvermeidlich ist.

In der Praxis findet sich noch häufig die Bezeichnung „Anstellungsvertrag" für die Regelung der Arbeitsbeziehungen mit Angestellten, während die Bezeichnung „Arbeitsvertrag" den Vereinbarungen mit Arbeitern vorbehalten ist. Ein rechtlicher Unterschied besteht zwischen den beiden Bezeichnungen nicht.

§ 1, Muster I

Eine Probeklausel (Muster I, § 1) ist nur nötig, wenn eine Probezeit wünschenswert ist und nicht ein befristetes Probearbeitsverhältnis vorausgeht (Muster hierfür in Heft 1 der Heidelberger Musterverträge). Muster III sieht keine Probeklausel vor, weil ihre Zulässigkeit und Formulierung hier von dem Tarifvertrag abhängt. Schreibt der Tarifvertrag keine bestimmte Formulierung vor und verbietet er auch keine Probeklausel, dann können Sie die Klausel aus Muster I auch für Muster III übernehmen.

Bei dieser Probeklausel endet das Probearbeitsverhältnis nicht automatisch, sondern muß gekündigt werden, wenn die Probezeit nicht zur Zufriedenheit verläuft. Die Kündigungsschutzbestimmungen des Mutterschutzgesetzes gelten auch für die Probezeit! Ferner ist zu berücksichtigen, daß bei einer während der Probezeit beabsichtigten Kündigung die vorherige Anhörung des B e t r i e b s r a t e s in der gleichen Ausführlichkeit stattfinden muß wie bei sonstigen Kündigungen; allerdings kann nach Auffassung des Bundesarbeitsgerichtes bei Kündigungen während der Probezeit eine genaue tatbestandsmäßige Darlegung der Kündigungsgründe zugunsten allgemeiner Wertungen vernachlässigt werden.

§ 1a, Muster I und III (Veränderungsmeldungen, Vorlage und Unterlagen)

Es handelt sich hier um die Statuierung vertraglicher Nebenpflichten, die den Charakter von Ordnungsvorschriften haben. Man kann auf sie im Arbeitsvertrag verzichten, wenn die Arbeitsordnung entsprechende Bestimmungen enthält.

§ 2, Muster I und III (Tätigkeit)

Die genaue Beschreibung der Tätigkeit ist zwar im Interesse der Vertragsklarheit zweckmäßig, **erweist sich** aber **als Hemmnis, wenn es gilt, den Inhalt eines Arbeitsverhältnisses den Ergebnissen einer betrieblichen Umorganisation anzupassen,** was vor allem bei längeren Kündigungsfristen der Fall sein kann. Insbesondere gilt dies für die Festschreibung bestimmter Funktionen, wie Hauptabteilungsleiter u. dgl., im Arbeitsvertrag. Auf eine möglichst weitgefaßte Versetzungsklausel kann also nicht verzichtet werden, wenn man den betriebsorganisatorischen Erfordernissen entsprechend flexibel bleiben will. In der Praxis hat sich eine genaue Umschreibung dieses Versetzungsvorbehalts als zweckmäßig erwiesen. Bei enger Konzernbindung bzw. -verflechtung kann es zweckmäßig sein, einen auf den Konzern bzw. die Gruppe bezogenen Versetzungsvorbehalt zu vereinbaren. **Ist ein Tarifvertrag anzuwenden, so achte man darauf, ob er Bestimmungen über die Umsetzung enthält.**

§ 3, Muster I und III (Arbeitszeit)

Bestimmungen über die Arbeitszeit sind nur notwendig, wenn sie nicht tariflich oder betriebseinheitlich festgelegt sind.

§ 3 Nr. 1, Muster I und III (Arbeitszeit nach Arbeitsanfall)

Um den im Zeichen der Arbeitszeitflexibilisierung verstärkt auftretenden Formen der Teilzeitarbeit gerecht zu werden, ist eine in der Praxis eingeführte Formulierung aufgenommen worden, die bei Abrufarbeit (KAPOVAZ) verwendet werden kann. Näheres hierüber im **Heft 68** der Heidelberger Musterverträge.

§ 3 Nr. 2, Muster I und III (Kurzarbeit)

Der zeitliche Umfang der Arbeitspflicht ist Bestandteil des Arbeitsvertrages und kann daher grundsätzlich nicht einseitig verändert werden. Will sich der Arbeitgeber die in Rezessionszeiten willkommene Möglichkeit sichern, einseitig ohne Änderungskündigung den zeitlichen Umfang der Arbeitspflicht durch die Einführung von K u r z a r b e i t zu ändern, so muß bei fehlender Tarifbindung ein entsprechender Vorbehalt in den Einzelarbeitsvertrag aufgenommen werden (Muster I und II). Bei Tarifbindung ist dieser Vorbehalt in aller Regel entbehrlich, weil die meisten Tarifverträge die Einführung von Kurzarbeit regeln. Es empfiehlt sich dann nur ein Hinweis auf die entsprechende tarifliche Kurzarbeitsklausel (Muster III). Wo eine solche ausnahmsweise fehlt, können Sie die vorgeschlagenen einzelvertraglichen Kurzarbeitsklauseln des Musters I, die den gebräuchlichsten tariflichen entsprechen, bei Muster III verwenden.

§ 4, Muster I und III (Entgelt)

Die Regelung des Entgeltes ist das Kernstück des Vertrages. Sie muß den sehr unterschiedlichen betrieblichen Gegebenheiten und – wenn ein Tarifvertrag gilt – der Tarifregelung am sorgfältigsten angepaßt werden. Überlegen Sie bitte genau, welche Formulierung gewählt werden soll und wie sie etwa noch zu ändern ist.

Der Vorschlag im Muster III entspricht der in der Praxis weithin üblichen Regelung. Bei Anwendung der V o r b e h a l t s k l a u s e l hinsichtlich der Gewährung übertariflicher Zulagen ist zu beachten, daß tarifliche L e i s t u n g s z u l a g e n, die im allgemeinen nach einem besonderen Beurteilungsverfahren festgelegt werden, nicht widerrufen werden dürfen, auch wenn sich die Leistungen des Angestellten verschlechtern. Die Reduzierung bzw. der Wegfall solcher Leistungszulagen richten sich vielmehr nach den tariflichen Bestimmungen. Auch die f r e i e Widerruflichkeit von Lohnzulagen ist nach Ansicht des Bundesarbeitsgerichts unzulässig. **Bedenken Sie im übrigen, daß die Anrechnung bzw. der Widerruf übertariflicher Zulagen grundsätzlich der Mitbestimmung des Betriebsrates unterliegt!**

§ 4 Nr. 2, Muster I und III (Überstundenvergütung)

Eine P a u s c h a l a b g e l t u n g von Mehrarbeitszuschlägen ist nur dann zulässig, wenn wirklich ein Zuschlag in dem vereinbarten Gehalt vorhanden ist. Die Vereinbarung, daß mit dem gezahlten Gehalt sämtliche Überstunden abgegolten sind, ist nur haltbar in den Fällen, in denen Überstunden nur selten anfallen, oder in denen ein außergewöhnlich hohes Gehalt gezahlt wird.

§ 5, Muster I und III (Sondervergütungen)

Bei den hier aufgeführten Vergütungsarten handelt es sich um die heute vielfach üblich gewordenen und tariflich vorgeschriebenen Einmalzahlungen, auf die ein Rechtsanspruch besteht. Diese Leistungen sind nicht zu verwechseln mit (freiwilligen) Weihnachtsgratifikationen.

§ 6, Muster I (Nebenleistungen)

Diese Bestimmung nennt besondere Leistungen des Arbeitgebers im Zusammenhang mit dem Arbeitsverhältnis, jedoch ohne direkten Bezug zur Arbeitsleistung. Zur Entlastung des Vertragspapiers empfehlen sich hier weitgehend Verweisungen auf Spezialregelungen, die in den meisten Unternehmen vorhanden sind.

§ 7, Muster I (Altersversorgung)

Es empfiehlt sich, Alters- und Hinterbliebenenversorgungen betriebseinheitlich zu regeln und im Vertrage darauf zu verweisen. **Man vermeide jedoch, Versorgungsrichtlinien, Leistungspläne u. dgl. zum Bestandteil der Arbeitsverträge zu machen. Wo aus Gründen der Personalpflege nicht auf die Aufnahme detaillierter Bestimmungen über die Altersversorgung im Arbeitsvertrag verzichtet werden kann, ist zu bedenken, daß eine einseitige Änderung der Regelungen rechtlich unzulässig ist.**

§ 8, Muster I und III (Urlaub)

Nach dem Bundesurlaubsgesetz beträgt der Erholungsurlaub für erwachsene Arbeitnehmer im Gebiet der früheren BRD 18 Werktage, in den Ländern Mecklenburg-Vorpommern, Brandenburg, Sachsen-Anhalt, Thüringen und Sachsen 20 Arbeitstage, wobei von fünf Arbeitstagen pro Woche ausgegangen wird. Maßgebend ist das Lebensalter bei Beginn des Urlaubsjahres. Auch im früheren Geltungsbereich des Bundesurlaubsgesetzes hatte sich in der Praxis die Berechnung des Urlaubes nach Arbeitstagen durchgesetzt. Ist der Urlaubsanspruch eines Arbeitnehmers nach Werktagen berechnet, muß er in Arbeitstage umgerechnet werden, wenn die Arbeitszeit für den Arbeitnehmer nicht auf alle Werktage einer Woche verteilt ist.

Die gesetzliche Urlaubsdauer von 18 Werktagen bzw. 20 Arbeitstagen ist der Mindesturlaub. Darüber hinaus kann man weiteren Urlaub vereinbaren. Gleiches gilt für ein zusätzliches Urlaubsgeld, das über die Weiterzahlung des Gehaltes hinausgeht. Bei Tarifbindung muß der Arbeitnehmer mindestens den Tarifurlaub erhalten; falls tariflich ein zusätzliches Urlaubsgeld vereinbart ist, mindestens dieses. Wartezeit und Stichtag für den Urlaubsanspruch sind durch das Bundesurlaubsgesetz für den Einzelvertrag unabdingbar geregelt, weitgehend auch tariflich; vertragliche Regelungen sind hier nicht zu empfehlen.

§ 8 a, Muster I und III (Zusätzliches Urlaubsgeld)

Vielfach wird die Zusage eines freiwilligen zusätzlichen Urlaubsgeldes, auch „Urlaubsgratifikation" genannt, mit einer Rückzahlungsklausel verbunden. Das ist nach der höchstrichterlichen Rechtsprechung grundsätzlich zulässig. Es ist aber zu beachten, daß solche Klauseln nicht über eine unbestimmte oder für eine unangemessen lange Zeit vereinbart werden dürfen. Erhält der Arbeitnehmer beispielsweise mit dem Mai- oder Junigehalt eine Urlaubsgratifikation, die 100 DM übersteigt, aber einen Monatsbezug nicht erreicht, so ist ihm nach der Rechtsprechung des Bundesarbeitsgerichtes die Einhaltung einer bis zum 30. September desselben Jahres reichenden Rückzahlungsklausel regelmäßig zuzumuten. Bei höheren Urlaubsgratifikationen erscheint eine Bindung bis zum Ende desselben Jahres vertretbar. Bei Urlaubsgratifikationen bis 100 DM ist eine Rückzahlungsklausel nichtig!

§ 10, Muster I und III (Gehaltsfortzahlung)

Das Gesetz räumt allen Angestellten einen Anspruch auf Gehaltsfortzahlung für mindestens sechs Wochen ein, wenn sie arbeitsunfähig krank sind. Dieser Anspruch kann vertraglich nicht ausgeschlossen werden. Bei Tarifbindung sind die Vorschriften des Tarifvertrages zu beachten.

Einer mit Arbeitsunfähigkeit verbundenen Erkrankung steht nach der höchstrichterlichen Rechtsprechung ein vom Rentenversicherungsträger (Bundesversicherungsanstalt für Angestellte) angeordnetes und durchgeführtes Heilverfahren gleich. Unterzieht sich der Angestellte einem solchen Heilverfahren, so ist also ebenfalls das Gehalt für sechs Wochen zu zahlen, auch wenn der Angestellte während der Kur nicht arbeitsunfähig krank ist. Der § 11 (Muster I) enthält in seinem ersten Absatz die unabdingbare Mindestregelung.

Der Anspruch auf Gehaltsfortzahlung entsteht grundsätzlich mit jedem Fall auf Krankheit beruhender Arbeitsverhinderung. Bei wiederholten Erkrankungen an demselben, medizinisch nicht ausgeheilten Grundleiden kommt es darauf an, ob der Angestellte zwischen den einzelnen Erkrankungen längere Zeit hindurch, in der Regel sechs Monate, voll arbeitsfähig war.

§ 10 Nr. 2, Muster I und III (Abtretung von Ersatzansprüchen)

Bei Angestellten gibt es den für Arbeiter geltenden gesetzlichen Forderungsübergang hinsichtlich Lohnfortzahlung bei Arbeitsunfähigkeit noch nicht. Es muß also noch die Abtretung solcher Schadensersatzansprüche vereinbart werden. Zur Erleichterung des Verfahrens empfiehlt es sich, die Ansprüche im voraus abtreten zu lassen.

§ 10 Nr. 3, Muster I und III (Gehaltsfortzahlung bei Tod)

Das Gesetz sieht die Zahlung eines sogenannten G n a d e n g e h a l t e s (§ 11 Abs. 4, Muster I) bei Tod eines Arbeitnehmers der Privatwirtschaft nicht vor. Tarifverträge enthalten zuweilen eine solche Bestimmung. Bei Tarifbindung ist sie also zu beachten. Im übrigen können die Parteien des Arbeitsvertrages die Zahlung eines Gnadengehaltes frei vereinbaren.

§ 13, Muster I und III (Wettbewerbsverbot)

Wettbewerbsverbote für die Zeit nach Beendigung des Arbeitsverhältnisses dürfen das spätere Fortkommen des Arbeitnehmers nicht unbillig erschweren. Ein völliges Verbot von Nebenbeschäftigungen ist verfassungsrechtlich bedenklich und nur zu billigen, wenn der Angestellte voll beschäftigt wird.

Vereinbaren Sie daher Wettbewerbsverbote nur, wenn daran wirklich ein dringendes betriebliches Interesse besteht. Den Bezirk, die Zeit, die Art von Betrieben und Tätigkeiten, für die das Verbot gelten soll, schränke man ebenfalls auf das unumgänglich notwendige Maß ein. Das Verbot kann nicht auf länger als zwei Jahre von der Beendigung des Arbeitsverhältnisses an erstreckt werden und ist auch nur verbindlich, wenn der Arbeitgeber während der Dauer des Wettbewerbsverbotes als Entschädigung mindestens die **Hälfte der zuletzt bezogenen Durchschnittsvergütung** des Angestellten an diesen zahlt. **In jedem Falle darf ein Wettbewerbsverbot nur gegen Zahlung einer Entschädigung vereinbart werden.** W ä h r e n d des Arbeitsverhältnisses ist eine Tätigkeit des Arbeitnehmers in Konkurrenzunternehmen ohnehin treuwidrig, es empfiehlt sich jedoch, darauf ausdrücklich hinzuweisen.

§ 14, Muster I und III (Vertragsstrafen)

Haben Sie für den Fall des Arbeitsvertragsbruches oder der Zuwiderhandlung gegen das Wettbewerbsverbot eine V e r t r a g s s t r a f e vereinbart, so hat der Arbeitgeber folgende Möglichkeiten:

(1) Er kann E r f ü l l u n g des Arbeitsvertrages oder des Wettbewerbsverbotes, n i c h t die Vertragsstrafe oder Schadensersatz verlangen;

(2) er kann die Vertragsstrafe, aber k e i n e E r f ü l l u n g verlangen, jedoch kann er daneben weiteren Schaden geltend machen;

(3) er kann Schadensersatz wegen Nichterfüllung verlangen und dabei die Vertragsstrafe als Mindestbetrag des Schadens fordern; die Geltendmachung eines weiteren Schadens ist nicht ausgeschlossen.

Diese Regeln gelten nur, wenn der Angestellte seine Verpflichtungen aus dem Wettbewerbsverbot oder dem Arbeitsvertrag überhaupt nicht erfüllt. **Die Vorschrift des Bürgerlichen Gesetzbuches über die Vertragsstrafe bei unvollständiger Erfüllung der Verbindlichkeit (§ 341 BGB) ist unanwendbar.** (Nach § 341 BGB ist es möglich, Erfüllung neben der verwirkten Vertragsstrafe zu verlangen). **Bedenken Sie bitte ferner, daß das Arbeitsgericht gegebenenfalls eine unverhältnismäßig hohe Vertragsstrafe herabsetzen kann.** Zu beachten ist ferner, daß die Vereinbarung einer Vertragsstrafe der Mitbestimmung des Betriebsrats unterliegen kann, wenn sie als Sanktionsmittel zur Ordnung des Betriebs verwandt wird.

§ 15, Muster I und III (Kündigung)

Soll das unbefristete Arbeitsverhältnis beendet werden, dann bedarf es der Kündigung, und es gelten die gesetzlichen Bestimmungen über den Kündigungsschutz. Die gesetzliche Kündigungsfrist beträgt für Angestellte sechs Wochen zum Schluß eines Kalendervierteljahres. Man kann im Arbeitsvertrag eine kürzere oder längere Kündigungsfrist vereinbaren; diese muß aber für beide Teile gleich und darf nicht kürzer als ein Monat sein. Im übrigen kann man nur zum Schluß eines Kalendermonats kündigen. Der Arbeitgeber muß aber die besonderen Kündigungsfristen des Gesetzes vom 9. 7. 1926 beachten: Hat er einen Angestellten mindestens fünf Jahre lang beschäftigt, so kann er nur mit mindestens dreimonatiger Frist für den Schluß eines Kalendervierteljahres kündigen. Die Kündigungsfrist erhöht sich nach einer Beschäftigungsdauer von acht Jahren auf vier Monate, nach einer Beschäftigungsdauer von zehn Jahren auf fünf und nach einer solchen von zwölf Jahren auf sechs Monate. Bei der Berechnung der Beschäftigungsdauer werden Dienstjahre, die vor Vollendung des 25. Lebensjahres liegen, nicht mitgezählt.

Diese Bestimmungen gelten nicht in den Ländern Mecklenburg-Vorpommern, Brandenburg, Sachsen-Anhalt, Thüringen und Sachsen. Hier verbleibt es bis auf weiteres bei der Regelung des § 55 AGB. Diese unterscheidet hinsichtlich der Länge der Kündigungsfrist nicht zwischen Arbeitern und Angestellten und entspricht im wesentlichen der bisher in § 622 BGB für Arbeiter geltenden Regelung. Danach beträgt die Kündigungsfrist zwei Wochen mit entsprechender Verlängerung auf einen Monat bei fünfjähriger, auf zwei Monate bei zehnjähriger und drei Monate bei 20jähriger Betriebszugehörigkeit, wobei Zeiten, die vor der Vollendung des 25. Lebensjahres des Arbeitnehmers liegen, nicht mitgezählt werden. Durch Beschluß vom 30. 5. 1990 (BB 1990, Beilage 27 zu Heft 21) hat das Bundesverfassungsgericht festgestellt, daß § 622 Abs. 2 BGB mit dem allgemeinen Gleichheitssatz unvereinbar ist, soweit die Kündigungsfristen für Arbeiter kürzer sind als für Angestellte. Diese Aussage gilt für den Bereich der ehemaligen BRD.

Die im Gesetz vom 9. 7. 1926 vorgesehene Verlängerung der Kündigungsfrist des Arbeitgebers gegenüber dem Angestellten berührt nicht dessen etwa vertraglich bedungene Kündigungsfrist gegenüber dem Arbeitgeber. Dieses Gesetz gilt nur für eine Kündigung des Arbeitgebers, nicht für die (Eigen)-Kündigung des Angestellten!

Bei Tarifbindung gelten die tariflichen Kündigungsfristen und -termine, sofern der Tarifvertrag solche enthält. Hier ist zu beachten, daß Tarifverträge für Arbeitgeber- und Arbeitnehmerkündigung unterschiedlich lange Fristen vorsehen können. Bei bestehender Tarifbindung wäre in diesen Fällen eine einzelvertragliche Vereinbarung über gleichlange Kündigungsfristen für beide Seiten unwirksam!

Die Vollendung des 65. Lebensjahres ist für sich noch kein Kündigungsgrund; soll das Arbeitsverhältnis zu diesem Zeitpunkt enden, so empfiehlt es sich, es entsprechend zu befristen. **Eine Vereinbarung, wonach ein Arbeitsverhältnis zu einem Zeitpunkt enden soll, in dem der Arbeitnehmer Anspruch auf Rente wegen Alters hat, ist nur wirksam, wenn die Vereinbarung innerhalb der letzten drei Jahre vor diesem Zeitpunkt geschlossen oder von dem Arbeitnehmer bestätigt worden ist (§ 41 Abs. 4 SGB VI).**

Die Bestimmung, daß das Arbeitsverhältnis nach längerer Betriebszugehörigkeit und/oder im vorgerückten Alter grundsätzlich unkündbar ist, findet mehr und mehr Eingang in die Tarifverträge. Bei der hier in Muster I vorgeschlagenen Formulierung wird der Erkenntnis Rechnung getragen, daß in besonderen wirtschaftlichen Situationen eine Ausnahme von jenem Grundsatz der Unkündbarkeit angebracht sein kann.

§ 16, Muster I und III (Schlußbestimmungen)

In diese Bestimmung wurde zum Schutz der Arbeitnehmer eine sog. doppelt gesicherte Schriftformklausel aufgenommen.

Angesichts der rasanten Entwicklung der arbeitsrechtlichen Gesetzgebung und Rechtsprechung – das Bundesarbeitsgericht hat seit 1978 in über 50 Fällen seine Rechtsprechung geändert! – wird die Aufnahme einer salvatorischen Klausel dringend empfohlen.

VI. Schrifttums-Hinweise

Gaul	Das Arbeitsrecht im Betrieb – Von der Einstellung bis zur Entlassung, 8. Aufl. 1986 (2 Bde), Verlag Recht und Wirtschaft GmbH, Heidelberg
Grüll/Janert	Der Anstellungsvertrag mit leitenden Angestellten und anderen Führungskräften – Vertragsmuster mit Erläuterungen, 13. Aufl. 1990, Verlag Recht und Wirtschaft GmbH, Heidelberg
Hohn	Verträge mit Angestellten im Außendienst und über Benutzung von Firmen-Kfz., 8. Aufl. 1992, Verlag Recht und Wirtschaft GmbH (Heidelberger Musterverträge, Heft 12), Heidelberg
Hohn/Romanowski	Vorteilhafte Arbeitsverträge, Rudolf-Haufe-Verlag, Freiburg
Marienhagen	Arbeitsverträge bei Auslandseinsatz, 1981, Verlag Recht und Wirtschaft GmbH (Heidelberger Musterverträge, Heft 58), Heidelberg
Pulte	Kapazitätsorientierte variable Arbeitszeit (KAPOVAZ), 1987, Verlag Recht und Wirtschaft GmbH (Heidelberger Musterverträge, Heft 68), Heidelberg
Schaub	Arbeitsrechts-Handbuch, 7. Aufl. 1992, Verlag C. H. Beck, München